Lila Rhiyourhi

Oracle Messages de Lumière

LEDUC
ÉSO

Conseil éditorial : Nathalie Ferron
Suivi éditorial : Manuella Guillot
Correction : Nathalie Billaut
Design du coffret et illustrations : Élisabeth Chardin

10, place des Cinq-Martyrs-du-Lycée-Buffon
75015 Paris – France
ISBN : 979-10-285-2069-4

Sommaire

Comment accueillir les messages des Cartes de Lumière ?

L'oracle des Cartes de Lumière est une porte d'entrée sacrée pour prendre contact avec votre Moi le plus profond. Pour accueillir au mieux les messages qui vont vous être délivrés, vous devez vous rendre totalement disponible lors de la pratique : privilégiez un endroit, une pièce, où vous serez totalement coupé du monde extérieur (pas de téléphone, télévision ou ordinateur). Ce **lieu de « prière »** sera façonné à votre image et décoré avec des objets que vous aurez soigneusement choisis : cela peut être un autel, avec un tapis ou un coussin, des bougies, des pierres... qui entrent particulièrement en résonance avec vous et avec votre histoire. C'est ici, dans cet espace sacré, que vous vous retrouverez quand vous aurez besoin de recevoir une réponse de votre Divin.

En pratique

- Au calme, dans votre lieu de prière, posez une question ouverte à l'Univers. Laissez-la émerger du fond de votre cœur et accueillez-la.

- Laissez votre Divin guider votre main vers la carte qui vous correspond ici et maintenant, et lisez le message délivré.

- Acceptez la réponse que vous suggère votre âme par le jeu des Cartes de Lumière et laissez-la vivre en vous tout au long de la journée. Ne vous inquiétez pas si le message vous paraît obscur ou en décalage avec votre demande ou votre situation personnelle actuelle : laissez-le « infuser » et prendre vie au fil des jours. À un moment précis, vous comprendrez ce que l'Univers a voulu vous communiquer.

Au-delà des messages : la puissance des rituels

Au-delà des messages que vous allez rencontrer au fil des cartes, nous vous conseillons de mettre en place des rituels qui vous permettront de vous libérer du passé et des énergies négatives, pour laisser place à des énergies positives et bienveillantes.

Nous vous proposons ici **31 rituels** comme autant de compléments aux 31 Cartes de Lumière. Ils sont délibérément classés dans un ordre « logique » et progressif : vous pourrez d'abord vous départir de vos énergies négatives et élever vos vibrations, puis purifier votre environnement, et enfin ancrer en vous une confiance absolue en la vie. La dernière série de rituels vous permettra d'aller plus loin dans la pratique de l'oracle en renforçant les messages transmis par les cartes.

En pratique

- Selon les rituels et vos demandes, vous pourrez les effectuer dans votre **lieu de prière**, et y garder tous les accessoires qui pourraient vous servir.

- Ces rituels se pratiquent à différents moments de la journée ou de l'année. Sachez que les énergies du **vendredi** sont plus propices au nettoyage et les rituels seront donc plus efficaces. Regardez aussi la position de la lune dans le ciel : une **lune descendante**, avec le mouvement naturel de l'énergie, accompagne davantage la libération des choses négatives.

- Pour les purifications de votre aura et de votre maison, prenez **rendez-vous** avec les « bons » esprits (les spirites) quelques jours à l'avance, toujours entre 8 heures et 18 heures, en disant par exemple :

« Esprits supérieurs et bienveillants,
je demande avec vous un rendez-vous le
[donnez le jour et l'heure]
pour une purification de [...].
Merci. »

- Les prières ne se rattachent à **aucune religion** ni dogme particulier. Elles ne font que transcrire précisément les mots et les actions appropriés pour obtenir un résultat efficace avec l'aide du monde des esprits.

- Certains rituels font appel aux **chakras**. Ces « portails » permettent aux énergies du Ciel et de la Terre d'être captées dans des formes en entonnoir pour être concentrées puis redistribuées au réseau énergétique qui alimente vos corps. On en compte sept principaux :

  - **chakra racine** : premier chakra, de couleur rouge, situé entre les organes génitaux et l'anus, au niveau du périnée ;
  - **chakra sacré** : deuxième chakra, de couleur orange, situé deux doigts sous le nombril ;
  - **chakra du plexus solaire** : troisième chakra, de couleur jaune, situé au niveau du plexus solaire ;
  - **chakra du cœur** : quatrième chakra, de couleur verte, situé au niveau du cœur ;
  - **chakra de la gorge** : cinquième chakra, de couleur bleu ciel, situé au niveau de la gorge ;

- **chakra du troisième œil** : sixième chakra, de couleur indigo, situé au niveau du troisième œil, entre les deux yeux ;
- **chakra de la couronne/coronal** : septième chakra, de couleur violette, situé au-dessus de la tête.

Liste des 31 rituels

Rituels 1 à 7 pour vous purifier et retrouver une pleine vitalité

1. Prenez une douche de purification ou un bain de sel
2. Purifiez-vous avec un œuf
3. Libérez-vous des liens qui vous épuisent
4. Parlez à vos cellules
5. Consacrez la nourriture
6. Énergisez l'eau
7. Demandez et recevez de l'énergie

Rituels 8 à 14 pour élever vos énergies vibratoires

8. Respirez en conscience
9. Relaxez-vous
10. Ancrez-vous

Rituels 26 à 29 pour renforcer votre foi en vous et en la vie

Rituels 30 et 31 pour renforcer les messages des Cartes de Lumière

Rituels 1 à 7
pour vous purifier et retrouver une pleine vitalité

La plupart du temps, notre manque d'énergie ne vient pas d'une faiblesse que nous aurions mais de l'accumulation d'énergies négatives dans nos corps énergétiques. Pour cette raison, une purification quotidienne permet le plus souvent de maintenir intactes sa lumière, sa joie et sa force intérieure. Vous allez retrouver beaucoup de vitalité en vous libérant du négatif, de tout ce qui vous encombre, et en utilisant, en conscience, l'énergie universelle pour dynamiser l'eau, la nourriture et votre propre corps physique.

1 Prenez une douche de purification ou un bain de sel

🙏 La douche : le matin au saut du lit et/ou le soir avant de vous coucher
🙏 Le bain : à tout moment de la journée

Chacune de vos journées devrait commencer et se terminer par une douche ou un bain de purification afin de vous débarrasser des énergies négatives.

La douche du matin vous libère des négativités de la nuit, qu'elles émanent de vos pensées, de vos émotions, du lieu de vie, ou qu'elles résultent de vos voyages nocturnes dans l'astral. En effet, si la nuit, votre âme, tout en restant reliée à votre corps physique, peut partir explorer d'autres dimensions et en revenir avec de beaux enseignements, elle peut parfois en ressortir plus chargée émotionnellement (peurs, tristesse, colère...). La douche matinale vous permet donc de vous recharger en énergies positives avant d'attaquer la journée !

Prendre une douche le soir permet de vous « laver » des négativités accumulées pendant la journée et de nettoyer ainsi votre aura.

En pratique : la douche de purification

- Dès que l'eau chaude coule, mouillez-vous le corps et les cheveux et prononcez :

« Cette eau est devenue l'eau du Christ toujours vivant et m'a purifié en totalité. »

- Ensuite, savonnez-vous en ayant conscience de « décrocher » toutes ces négativités qui vous encombrent.

- Rincez-vous : d'abord à l'eau chaude, puis à l'eau froide.

→ Vous pouvez aussi imaginer que les gouttes d'eau qui tombent sur vous sont autant de particules de lumière et d'amour. Elles vous pénètrent complètement, comme une douche de lumière ! Voyez votre pommeau comme la source de Lumière Divine. Si vous donnez ce pouvoir à l'eau, elle va éliminer en vous le négatif (peurs, craintes, nervosité, agitation...) pour faire place aux belles énergies (confiance, calme, sérénité...).

En pratique : le bain de sel

- Faites couler l'eau dans votre baignoire.
- Préparez dans un récipient en verre 1 kg de gros sel non traité auquel vous ajouterez trois gouttes d'huile essentielle de citron. Mélangez la préparation avec une cuillère en bois.
- Versez le mélange pendant que l'eau coule.
- Entrez dans votre bain par le pied droit (sauf si vous êtes gaucher).
- Restez-y quinze minutes, le temps que le sel nettoie en profondeur votre aura.

2 Purifiez-vous avec un œuf

🙏 Aussi souvent que vous le souhaitez (au moins une fois par semaine)

Votre œuf sera plus puissant si vous le consacrez à l'usage de la purification. Pour cela, achetez six œufs bio les plus frais possible, puis faites la demande suivante :

« Ces œufs sont devenus les œufs du Divin [deux fois]. Ils vont me purifier, moi [prénom, nom], ma famille et ma maison, pour ici et maintenant. »

Établissez un véritable contact entre vous et l'être vivant qui vous aide. Considérez votre œuf avec respect et admiration. Cette sensation est très agréable à vivre et contribue à renforcer l'efficacité du processus.

En pratique

- Prenez un œuf frais bio. Gardez-le quelques secondes dans votre main et faites-le rouler dans votre paume.

- Tout en le faisant rouler, faites-le tourner sept fois autour de votre tête, dans le sens des aiguilles d'une montre. (Sept, ce chiffre sacré, comme les jours de la semaine, les couleurs de l'arc-en-ciel et les principaux chakras du corps éthérique.)

- Puis passez l'œuf sur votre peau, en commençant par le visage, les oreilles, le cou, les bras, la poitrine, puis un peu le dos, le sexe, les jambes et la plante des pieds.

- Gardez-le quelques instants autour du nombril puis, prononcez la phrase suivante :

« Je te remercie, œuf, d'avoir retiré tout ce qui était négatif, visible ou invisible en moi. »

(Vous pouvez personnaliser selon votre ressenti ou votre demande.)

- Cassez l'œuf dans un bol rempli d'eau. Placez la coquille sur un mouchoir en papier. Refermez-le et écrasez-le d'un geste de la main. Jetez le tout dans les toilettes.

3 Libérez-vous des liens qui vous épuisent

Plusieurs fois par jour

En pratique

- Formulez cette prière à voix haute auprès de l'Archange Michaël. Cet esprit infiniment pur et supérieur du monde spirite se consacre à la protection et à la sécurité. C'est à lui que l'on fait appel pour se prémunir des mauvaises énergies et se départir de ses émotions négatives comme de ses habitudes limitantes.

« Archange Michaël, je t'invoque maintenant.
Je te demande, Saint Archange Michaël, de bien
vouloir couper toutes les cordes négatives
ainsi que toutes les cordes de la colère et la peur
que j'aurais engendrées ;
ou que d'autres ont engendrées à mon encontre
et qui tarissent ma Lumière et mon énergie
et m'empêchent d'avancer sur le chemin du Maître
que Je Suis.

Pour mon plus grand bien et le plus grand bien de tous, libère-nous.
Je te demande qu'en lieu et place de toutes ces cordes négatives coupées
soient versés Amour, Paix et Lumière.
Je te remercie, Je t'aime. »

- Répétez trois fois.

4 Parlez à vos cellules

🙏 Une fois par semaine

Ce rituel permet de chasser la fatigue et retrouver une pleine vitalité.

En pratique

- Allongez-vous confortablement. Fermez les yeux. Prenez le temps de vous détendre. Relâchez les tensions par quelques expirations profondes. Lâchez toutes vos pensées.

- Imaginez que vous déposez vos émotions lourdes, vos pensées négatives, tout ce qui vous encombre, dans un seau. Refermez-le et confiez-le au Ciel. Voyez alors ce seau remonter par une poulie jusqu'au Ciel pour y être purifié.

- Maintenant que vous vous êtes libéré, vous allez doucement, tranquillement, déplacer votre conscience au niveau de votre cœur physique. Imaginez que vous vous installez dans un espace de lumière, de douceur et d'amour. Vous pourriez imaginer qu'une Mère Divine vous prend dans ses bras. Une mère qui vous aime infiniment, inconditionnellement, qui se consacre entièrement au bien-être de ses enfants. Une immense lumière d'amour vous pénètre alors comme une douche de lumière. Ressentez une immense énergie d'amour, une immense douceur vous envahir. Vous vous sentez réconforté, en paix, en confiance et en sécurité, le cœur regonflé d'amour.

- Vous êtes maintenant prêt pour dialoguer avec vos cellules. Dites-leur :

« Mes chers organes, mes chères cellules, je vous remercie de tout ce que vous faites chaque jour pour moi. Je vous aime, merci, je vous aime. »

- Vous allez passer en revue chaque zone de votre corps : votre cerveau, votre gorge, vos cordes vocales, vos poumons, votre colonne vertébrale, vos organes digestifs, reproducteurs, etc. Balayez chaque zone en lui disant :

« Mes chères cellules, je vous aime. Je vous aimerai toujours. »

- Quand vous aurez fait cela, demandez-leur ce que vous souhaitez :

« Mes chères cellules, dorénavant, je vous demande, dans mes organes, mes os, mes muscles, mes vaisseaux, mes tendons, de reprendre votre forme lumineuse parfaite. »

Ou bien :

« Mes chères cellules, je vous demande de faire le nécessaire pour retrouver une pleine vitalité, que je retrouve plus d'énergie que je n'en ai besoin pour accomplir tout ce que j'ai à accomplir. »

Ou encore :

« Je sais que vous pouvez éliminer tous les maux de ce corps. À vous, mes cellules-souches réparatrices, mes cellules primordiales, je vous demande de réparer tous les défauts et de rétablir la perfection originelle. Ici et maintenant. »

- Terminez en disant ceci :

« Je vous demande de rebâtir un corps selon
le modèle originel de perfection.
Je sais que vous le pouvez.
J'ai confiance en vous. Je vous remercie.
Je vous aime. »

5 Consacrez la nourriture

Aussi souvent que possible

Vous pouvez réintroduire de la conscience dans l'acte de vous nourrir. Ce rituel vous aide à remercier la Terre de vous prodiguer ses fruits, à créer une connexion énergétique qui améliore l'assimilation et à bénéficier d'une aide des esprits pour énergiser vos plats.

Important : évitez la viande industrielle, les œufs de poules élevées en batterie, les produits ultratransformés.

Pour amplifier les bienfaits du rituel, préparez vos repas avec amour. Même si vous faites juste réchauffer quelque chose ou que vous coupez des légumes pour préparer une salade, faites-le en méditant sur l'amour ou la paix, ou encore sur tout le bien que vous souhaitez que ces aliments apportent à vos proches. C'est aussi simple qu'efficace. Faites le test et vous constaterez que le goût de vos plats sera transformé. C'est le secret de tous les grands chefs !

En pratique

- Prononcez la prière suivante :

« Divin Père, Divine Mère, merci pour cette nourriture. Dirigez sur elle Votre attention divine et permettez-moi d'absorber de l'énergie divine à travers elle. »

6 Énergisez l'eau

Aussi souvent que possible

Énergiser l'eau, c'est lui permettre d'aider vos cellules dans leur travail, d'accroître votre vitalité et aussi de vous apporter une protection accrue vis-à-vis des vibrations négatives comme les ondes électromagnétiques.

En pratique

- Prenez une bouteille en verre ou un récipient en argent, et un papier aussi naturel que possible.

- Commencez par mettre de l'eau (de source si possible) dans la bouteille ou le récipient. Écrivez sur le papier « Amour », « Joie » ou « Tu me fais du bien » en le ressentant pleinement, et posez le récipient par-dessus. Autre option : disposez dans la bouteille un petit cristal de roche (ou cristal d'améthyste) que vous aurez préalablement purifié en le laissant quarante-huit heures dans une eau légèrement salée.

- Puis prononcez l'une des prières suivantes :

« Puisse cette eau devenir la médecine
qui dissipe nos maux. »

« Puisse cette eau apporter à notre corps
tout ce dont il a besoin. »

« Seigneur, bénissez cette eau afin
qu'elle procure au corps la santé. »

⊖ Lorsque vous n'avez pas le temps de faire ce protocole, ajoutez quelques gouttes de citron bio à votre eau de boisson et prenez-la entre vos mains pour lui transmettre votre amour. Buvez et ressentez la différence !

7 Demandez et recevez de l'énergie

Aussi souvent que nécessaire

Voici un rituel efficace pour recharger vos batteries !

En pratique

- Fermez les yeux en signe de rupture avec le monde extérieur puis, par la respiration, détendez-vous. Videz vos poumons à fond, inspirez par le nez, lentement, en ressentant l'air dans tout votre corps physique. Bloquez l'air dans vos poumons, puis expirez par le nez, doucement. Dans cette expiration, rejetez tout ce qui peut vous préoccuper. En même temps que vos poumons, videz votre tête et votre esprit.

- Ressentez la détente de cette respiration qui vous envahit. Répétez trois fois cet exercice, puis reprenez un rythme respiratoire normal.

- Vous allez ensuite libérer les tensions de votre corps. Relâchez les épaules et la tête. Faites-la bouger quelques instants si vous le souhaitez. Faites en sorte de détendre tous vos muscles : autour des yeux, de la bouche, dans le cou, le dos, les bras, les mains, les cuisses, les genoux, les mollets et les pieds.

- Quand vous êtes parfaitement bien détendu, imaginez un fil de lumière argentée attaché à la base de votre colonne vertébrale, traversant le sol et s'enfonçant vers le cœur d'amour de la Terre.

- Maintenant, imaginez l'énergie terrestre remonter le long de ce fil de lumière, imprégnant chaque cellule, chaque organe de votre corps et ressortant par le sommet de votre tête.

- Percevez cela jusqu'à ce que vous ressentiez vraiment le flot d'énergie.

- Ensuite, visualisez l'énergie de lumière dorée du Cosmos qui pénètre en vous, par le sommet du crâne, pour se répandre dans tout votre corps et enfin ressortir par les pieds, en suivant le fil de lumière pour ensuite se dissoudre dans la Terre.

- Ressentez ces deux courants circulant dans des directions différentes et se mêlant harmonieusement dans votre corps.

Rituels 8 à 14
pour élever vos énergies vibratoires

De manière très simple, tout au long de vos journées, vous pouvez acquérir des habitudes qui vous permettent de refaire le plein de bonnes énergies. Il suffit parfois de vous poser quelques minutes, de fermer les yeux, de vous recentrer pour accueillir votre ressenti et laisser votre vraie nature vous régénérer dans son amour et sa lumière. Vous élevez ainsi vos vibrations. Plus elles sont hautes, plus votre vitalité est grande et plus vous attirez à vous des situations, des circonstances et des rencontres qui vous sont favorables.

8 Respirez en conscience

Aussi souvent que nécessaire

Respirer en conscience, c'est faire respirer son corps tout entier, améliorer le travail cellulaire, cérébral, et élever son niveau vibratoire. Vous verrez qu'après quelques semaines de pratique, vous vous surprendrez, au travail, pendant la pause ou durant votre journée, à respirer spontanément de cette manière.

En pratique

- Pour entrer pleinement dans cet exercice de respiration profonde, efforcez-vous de mettre de côté tous vos tracas et soucis. Autant que possible, essayez de mobiliser l'abdomen et le diaphragme pour respirer avec les parties basses de votre corps, et pas seulement avec le haut du thorax.

- Lors de l'inspiration, visualisez un air étincelant, chargé de particules lumineuses, entrer dans tout votre organisme : votre tête, votre poitrine, votre colonne, vos bras, votre bassin, votre ventre, votre sexe et jusque dans vos jambes et vos pieds. Retenez l'air quelques secondes pour qu'il ait le temps de bien s'installer dans toutes ces parties. Visualisez que votre corps se met à étinceler de lumière comme des milliers d'étoiles dans le ciel.

- Lors de l'expiration, visualisez que toutes les parties de votre corps expulsent leurs pollutions, leurs négativités. Imaginez que les charges négatives retournent au centre de la Terre pour y être purifiées.

- Lorsque vous aurez pris l'habitude de cette respiration, vous pourrez y ajouter une pensée, une intention positive telle que « J'inspire la force de l'Univers » (sur la phase d'inspiration) et « Je fixe cette force » (pendant la pause) ou « J'inspire l'Amour Divin » et « Je fixe cet Amour Divin », etc.

9 Relaxez-vous

Aussi souvent que nécessaire

Cet exercice de relaxation est la base du travail préparatoire qui ouvre nombre de rituels.

En pratique

- Fermez les yeux et portez votre attention sur votre respiration. Videz vos poumons en soufflant par la bouche, puis inspirez lentement et profondément par le nez. Bloquez l'air dans vos poumons le plus longtemps possible, puis expirez très lentement en imaginant que vous chassez tout ce qui vous dérange. Répétez ce cycle trois fois, puis reprenez un rythme normal.

- Un à un, passez en revue tous vos muscles pour bien les détendre. Commencez par les muscles du front, sentez-les bien relâchés, bien détendus. Poursuivez par les petits muscles autour des yeux, puis autour de la bouche. Relâchez bien votre mâchoire, votre langue ; au besoin, bougez-les un peu pour mieux les détendre. Continuez avec les muscles du cou et des épaules, puis descendez le long de votre colonne vertébrale et détendez un à un tous les muscles de votre dos. Relâchez ensuite le bras droit, puis le gauche, les muscles des hanches et du bassin. Enfin, continuez en passant en revue la jambe droite : les muscles de la cuisse, du genou, du mollet, du pied et chacun des orteils, avant de faire la même chose du côté gauche.

- À présent, vous êtes parfaitement détendu. Vous êtes très calme, tellement calme que chaque inspiration, chaque expiration augmentent encore votre bien-être. Goûtez à ce calme intérieur.

10 Ancrez-vous

Le matin, avant de quitter la maison

En matière d'énergie, il faut une bonne connexion aux énergies de la Terre pour élever ses fréquences. L'ancrage consiste à être bien « enraciné » à la Terre. Quand vous êtes bien ancré, vous vous sentez plus en sécurité, en confiance, et vous êtes moins facilement déstabilisé.

En pratique

- Debout, écartez les pieds dans l'alignement de vos épaules. Prenez une minute pour vous balancer légèrement sur vos pieds d'avant en arrière, puis une autre minute pour basculer d'un pied sur l'autre, lentement. Placez votre conscience dans vos pieds et dans le contact avec le sol. Mettez-y l'intention d'être enraciné à cette Terre qui vous nourrit.

- Puis, dites :

« Je demande à être correctement ancré au centre de la Terre, ici et maintenant. »

- Dans le même temps, visualisez des racines sortir de votre chakra racine, descendre le long de vos pieds et s'enfoncer profondément jusqu'au centre de la Terre. Effectuez trois respirations avec cette visualisation : sur l'expiration, ressentez l'ancrage de vos racines ; sur l'inspiration, faites remonter l'énergie rouge lumineuse depuis vos pieds jusqu'à votre chakra racine, en passant par vos jambes.

➔ Il est évident que si vous habitez dans un endroit proche de la nature et que vous marchez régulièrement en montagne, dans la forêt ou sur des chemins de terre, vous entretenez votre ancrage quotidien.

11 Méditez

Aussi souvent que nécessaire

Méditer vous apprend à stabiliser vos émotions, à maîtriser votre attention et vous ouvre au monde invisible de l'énergie. En vous entraînant quotidiennement à méditer, même dix ou quinze minutes, vous serez plus réceptif à vos sensations corporelles, à votre ressenti et à celui des éléments qui vous entourent. Vous entrez dans une autre dimension : celle qui vous permet d'agir sur le plan vibratoire. C'est le moyen le plus puissant à votre disposition pour vous ouvrir à votre pouvoir de guérison énergétique !

Vous pouvez méditer dans certaines des activités quotidiennes que vous maîtrisez bien comme la cuisine, les tâches ménagères, le jardinage ou la marche. Votre esprit peut alors librement s'échapper et s'aligner avec le meilleur de vous-même.

En pratique

- Assis sur une chaise, les jambes décroisées et le dos bien droit, mettez les mains le long du corps ou sur vos cuisses. Respirez tranquillement. Fermez les yeux en signe de rupture avec le monde extérieur.

- Puis, par la respiration, détendez-vous. Videz vos poumons à fond, puis inspirez lentement par le nez en ressentant le passage de l'air dans tout votre corps physique. Bloquez l'air dans vos poumons, puis expirez lentement et doucement par le nez. Dans cette expiration, rejetez tout ce qui peut vous préoccuper. En même temps que vos poumons, vous videz votre tête et votre esprit. Ressentez la détente de cette respiration qui vous envahit. Répétez trois fois cet exercice, puis reprenez un rythme respiratoire normal.

- Vous allez ensuite détendre votre corps. Relâchez les épaules et la tête. Faites-la bouger quelques instants si vous le souhaitez. Ouvrez un peu la bouche afin de laisser l'air venir à son gré. Faites en sorte de détendre tous vos muscles : autour des yeux, de la bouche, dans le cou, le dos, les bras, les mains, les cuisses, les genoux, les mollets et les pieds. Respirez profondément. Alignez-vous avec l'Univers et connectez-vous avec la Terre.

- Visualisez un cordon de lumière argentée qui relie votre ventre au cœur d'amour de la Terre ainsi qu'un cordon de lumière dorée qui relie votre tête au cœur d'amour de l'Univers. Restez un moment à vous laisser pénétrer par ces énergies bienfaisantes. Laissez vos propres énergies s'ouvrir. Permettez-vous de ressentir l'énergie qui vous traverse et de vous en imprégner.

- Profitez de ces moments et, quand vous le souhaitez, tranquillement, rouvrez les yeux.

Bonus : méditation d'union avec votre âme

- Prenez un temps pour vous poser confortablement. Fermez les yeux et focalisez-vous sur votre respiration pour bien vous détendre.

- Quand vous êtes bien calme, bien détendu, imaginez une pyramide de pierre assez grande pour que vous puissiez entrer par la porte. Passez la porte. Vous entrez dans une petite pièce où se trouve un siège pour vous asseoir. Un filet de lumière filtre du haut de la pièce, juste assez pour vous sentir à l'aise. Vous voilà dans votre sanctuaire intérieur, isolé de toute négativité. Dans cet espace, il n'y a que votre respiration et votre Divine Présence.

- Maintenant, imaginez des sphères dorées émerger de votre corps physique, d'une lumière pure, d'une beauté incroyable, vibrantes d'amour, qui vous pénètrent complètement. Puis visualisez une boule de lumière dorée partant d'au-dessous du chakra racine, traversant votre corps par vos différents chakras jusqu'en haut du corps, au-dessus de votre tête, en mille rayons dorés qui s'échappent vers l'infini.

- Maintenant, vous pouvez vous visualiser comme une magnifique pyramide lumineuse de couleur blanche. Il n'y a ni portes, ni fenêtres, seulement un intérieur totalement lumineux.

- Dans cet espace étincelant, un Être de lumière est assis et vous attend. Cet Être, c'est votre Divine Présence, votre entité de pure Lumière blanche de cristal. Demandez-lui de vous faire ressentir tout l'amour qu'il a pour vous et de vous regarder avec les yeux de l'amour pour voir l'Être merveilleux que vous êtes.

- De cet Être émane encore un rayonnement doré, qui n'est qu'Amour, et qui se répand dans tout votre corps physique, dans vos cellules, dans vos émotions, vos pensées, vos corps énergétiques. Laissez-vous régénérer par cet amour. Profitez, autant de temps que vous le souhaitez.

- Quand vous vous sentirez empli de cette union sacrée, remerciez votre Être Divin de vous avoir régénéré, guéri, aimé, mais ne lui dites pas au revoir. Vous reviendrez dans cet espace autant de fois que nécessaire, dans vos méditations.

- Maintenant, il est temps de revenir. Quittez la pyramide de lumière pour remettre votre conscience sur la pyramide de pierre. Revoyez votre siège et la lumière qui filtre d'en haut. Portez votre attention sur vos sensations corporelles, sur le ressenti de vos pieds, de vos mains, de votre dos en appui...

- Prenez trois grandes inspirations, comptez jusqu'à dix et ouvrez les yeux.

- Enfin, déclarez :

« Je suis ma Présence Divine ancrée
en mon être,
ma Divine Présence prend le contrôle
de mon être tout entier. »

⊙ N'hésitez pas à faire cet exercice régulièrement. Vous verrez qu'au bout d'un certain temps, il vous suffira de visualiser mentalement votre pyramide pour réactiver toute la force, la lumière, les sensations, même pendant vos activités quotidiennes.

12 Ressourcez-vous

Aussi souvent que nécessaire

Votre sanctuaire intérieur est un lieu de ressourcement divin. Par la méditation et la visualisation, vous pouvez en quelques instants rejoindre ce lieu sacré en vous-même dans lequel vous vous ressourcez et refaites le plein d'énergies divines et de bien-être. À tout moment, il vous suffit de reprendre le chemin de votre sanctuaire pour vous y retrouver. Vous êtes alors en lien avec vos plus grandes forces intérieures.

En pratique

- Allongez-vous confortablement, fermez les yeux et détendez-vous profondément.

- Déplacez votre conscience au niveau de votre cœur physique et imaginez-vous monter quelques marches jusqu'à une porte. Ouvrez-la et suivez un chemin qui vous mène jusqu'à un jardin magnifique, rempli de couleurs. Dans ce jardin, les animaux ont le don de parler. Les plantes, les arbres et les pierres sont lumineux et multicolores : bleu, orange, violet, rose. Il y a également une rivière où nagent quelques dauphins roses. Promenez-vous, visualisez tout ce que vous aimeriez y trouver : un cristal qui vous guérit, un animal qui vous parle, une fleur d'un parfum que vous adorez ou une personne que vous aimez et à qui vous avez quelque chose à dire. Cela peut être vos animaux ou vos fleurs préférés, et tous ces êtres vivants vous accueillent comme un roi/une reine en son royaume. Vous pouvez aussi plonger dans une piscine à l'eau chaude et rose, ou vous purifier sous une cascade de cristal. Profitez quelques minutes de votre jardin de lumière. Faites-y exactement ce que vous souhaitez.

- Puis, approchez-vous de ce kiosque qui vous attire au milieu du jardin. Ce kiosque irradie une lumière blanche et pure. Rapprochez-vous-en progressivement, tranquillement. Là, un être vous attend ; un Être de lumière. Plus vous vous approchez, plus son énergie vous appelle. Vous sentez monter une vague d'amour et, au moment d'entrer dans le kiosque, autour de vous, tout s'est changé en une lumière blanche et pure. Visualisez les contours de l'Être de lumière, il souhaite vous prendre dans ses bras. Vous vous y réfugiez jusqu'à sentir que vous ne faites plus qu'un avec lui. Pendant ce temps, peut-être vous murmure-t-il quelque chose à l'oreille ou bien vous transmet-il une image ou une sensation.

- Quand vous vous sentirez prêt, reprenez le chemin du retour, doucement, à votre rythme. Repassez devant tout ce que vous avez vu, lentement, puis remontez les quelques marches et ouvrez la porte pour revenir dans le monde extérieur.

13 Prenez un bain d'énergies positives

Plutôt avant midi, et après 17 heures en été

La lumière du soleil contient des codes pour activer tout ce que vous souhaitez. En vous exposant à ses rayons, vous pouvez y puiser santé, vitalité, amour, sagesse et paix. Considérez ce moment comme un instant de ressourcement auprès de votre Divin Père.

En pratique

- Exposez quelques instants les différentes parties de votre corps au soleil : le dos, la colonne vertébrale, puis la paume des mains, le visage, les pieds, les yeux (fermés). En même temps, prononcez :

« Mon Père,
Ta lumière me purifie,
Ta lumière me fortifie,
Ta lumière m'équilibre.
Ici et maintenant, merci. »

- Visualisez chacune de vos cellules comme une étincelle de lumière qui respire. Au rythme de votre respiration, elle pulse, c'est-à-dire qu'elle rayonne dans un mouvement de pulsation lumineuse. Ressentez que, sous la lumière du soleil, vos milliers de milliards de cellules se nourrissent de lumière. Voyez leur pulsation lumineuse s'élargir et s'intensifier.

14 Chantez des mantras

Aussi souvent que possible

Chanter des mantras est idéal pour harmoniser vos sept chakras principaux, portes d'entrée des énergies qui alimentent tout votre corps. Leur pureté et leur équilibre favorisent votre pleine santé : production de mélatonine, régularisation du sommeil, de l'hypertension, soulagement des douleurs ou encore rétrécissement tumoral…

En pratique

- Prévoyez dix minutes de temps libre, au calme, de préférence lorsque le soleil est encore levé.

- Installez-vous confortablement dans votre lieu de prière, assis ou couché, selon votre envie et la place disponible. Si vous le pouvez, faites tinter une clochette ou un bol tibétain.

- Tout d'abord, placez une main à plat sur le thorax (au niveau du sternum) et l'autre au sommet de la tête.

- Ressentez les vibrations dans votre corps. Gardez les lèvres entrouvertes et inspirez profondément par le nez.

- En expirant, prononcez le son « Au ». Le son doit être grave et uniforme. En bout d'expiration, fermez la bouche, contractez les abdominaux pour chasser le reste d'air en émettant un « M » musé qui bourdonne dans le crâne : « Aum ».

- Répétez plusieurs fois l'opération. Ressentez l'air qui entre, se diffuse, puis ressort pour former un son. Faites résonner tout votre corps de ce son profond.

Bonus : les mantras des sept chakras

- Visualisez chaque chakra lorsque vous chantez le mantra qui lui correspond. Vous pouvez les imaginer comme des entonnoirs, des vortex de couleur. Pour bien chanter le mantra, insistez longuement sur chaque voyelle. Recommencez trois fois pour chaque chant/visualisation.

- Chantez LAM (« Lââââââmmmm ») en visualisant le premier chakra, de couleur rouge, situé entre les organes génitaux et l'anus, au niveau du périnée.

- Chantez VAM (« Vââââââmmmm ») en visualisant le deuxième chakra, de couleur orange, situé deux doigts sous le nombril.

- Chantez RAM (« Rââââââmmmm ») en visualisant le troisième chakra, de couleur jaune, situé au niveau du plexus solaire.

- Chantez YAM (« Yââââââmmmm ») en visualisant le quatrième chakra, de couleur verte, situé au niveau du cœur.

- Chantez HAM (« Hââââââmmmm ») en visualisant le cinquième chakra, de couleur bleu ciel, situé au niveau de la gorge.

- Chantez AUM (« Auuuuuuummmm ») en visualisant le sixième chakra, de couleur indigo, situé au niveau du troisième œil, entre les deux yeux.

- Chantez SOHAM (« Sooohââââââmmmm ») en visualisant le septième chakra, de couleur violette, situé au-dessus de la tête.

Rituels 15 à 20
pour purifier vos racines, votre environnement et protéger votre foyer

Ces rituels vous permettront de libérer votre lignée, votre maison et vos affaires de toute négativité, ce qui permettra aux belles choses de venir à vous et à tous vos projets de se concrétiser beaucoup plus facilement. D'autres rituels sont conçus pour vous apporter à vous, à votre foyer et à vos relations une solide protection spirite. À vous d'agir pour réintroduire chez vous lumière et énergies positives !

Pour rappel, la purification sera bien plus efficace si au préalable vous prenez rendez-vous avec les bons esprits en disant par exemple :

« Esprits supérieurs et bienveillants,
je demande avec vous un rendez-vous le
[donnez le jour et l'heure]
pour une purification de [ma maison, mes objets
personnels...]. Merci. »

Notez ce rendez-vous sur votre agenda et tenez-y vous, comme s'il s'agissait d'une séance avec un thérapeute. Le jour J, soyez à l'heure et prenez soin, auparavant, de bien vous nettoyer avec un rituel de purification (voir page 16). Vous devrez toujours effectuer vos pratiques entre 8 heures le matin et 18 heures le soir.

Après chaque rituel, soyez attentif à ce qui se produit dans la semaine qui suit. Il faut toujours laisser un peu de temps pour bien mesurer les répercussions de vos actions.

15 Nettoyez et protégez votre maison

🙏 La purification par l'encens : idéalement, une fois par semaine
🙏 La purification avec des pommes : une fois par trimestre, pendant la pleine lune
🙏 La purification avec du gros sel : une fois par trimestre, au minimum

En pratique : la purification par l'encens

- Rangez d'abord toute la nourriture, les aliments, les fruits, le sel dans des placards ou des compartiments fermés. Fermez les fenêtres.

- Rassemblez l'équipement nécessaire pour la pratique : de l'encens (de type benjoin, résine en grains 100 % naturelle), du charbon (rouleau de charbon ardent naturel), un brûleur, une pince à charbon, une cuillère en bois, un allume-gaz.

- Attrapez un rouleau de charbon avec la pince. Allumez-le avec l'allume-gaz jusqu'à ce qu'il crépite, et posez-le sur le brûleur.

- Déposez quelques grains de résine d'encens par-dessus avec la cuillère en bois.

- Commencez la purification en partant dos à la porte d'entrée de votre logement et en continuant dans toute la maison dans le sens inverse des aiguilles d'une montre.

- Après avoir fait le tour de la maison, versez le charbon dans les toilettes. Faites semblant de cracher dessus sept fois de suite et tirez immédiatement la chasse d'eau.

- Ensuite, ouvrez toutes vos fenêtres pour laisser partir les mauvaises énergies et accompagner de vos pensées l'entrée de nouvelles énergies, lumineuses et positives.

- Aérez bien pendant une dizaine de minutes au minimum.

En pratique : la purification avec des pommes

- Prenez deux pommes rouges bio et coupez-les dans le sens de la largeur pour bien mettre en évidence les pépins et leur cœur qui représente une étoile à cinq branches (un pentacle).

- Déposez une feuille de laurier sur chaque moitié de pomme et attachez-la avec une ficelle la plus naturelle possible (par exemple du coton ou du chanvre).

- Disposez les morceaux de pomme aux quatre coins de votre maison ou de la pièce que vous désirez purifier.

En pratique : la purification avec du gros sel

- Munissez-vous d'une quantité minimale de 5 kg de gros sel non traité. Vous aurez besoin de pochettes que vous pouvez soit confectionner vous-même, soit acheter, mais elles doivent absolument être d'une matière noble (en lin ou en coton). En forme de bourse et d'une taille comprise entre 10 et 15 cm de large, elles seront fermées et accrochées à un support (une poignée de porte ou de fenêtre). Préparez autant de pochettes que vous avez de pièces dans votre maison et remplissez-les de gros sel.

- Placez une petite bourse de gros sel dans chaque pièce, et si vous sentez qu'il se passe chez vous des choses désagréables le soir venu, n'hésitez pas à en mettre une autre sur la poignée de la porte d'entrée.

- Le lendemain, videz le contenu des pochettes dans les toilettes et lessivez-les à part pour qu'elles puissent servir à nouveau.

16 Purifiez vos effets personnels

Une fois par mois

En pratique

- Rassemblez dans un petit panier en osier ou rotin naturel ce que vous portez le plus souvent : vos lunettes de vue/de soleil, vos bagues, montres, bracelets, boucles d'oreilles, sans oublier les pinces et attaches pour cheveux. Soupesez bien chaque objet entre vos mains.

- Sur un charbon ardent, faites brûler une résine d'oliban et faites passer vos effets personnels sept fois au-dessus de la fumée.

- Quand vous aurez fini et bien aéré la pièce, écoutez votre ressenti en prenant à nouveau chaque objet dans vos mains. Vous semblent-ils plus légers, plus lumineux ?

17 Purifiez votre arbre généalogique

🙏 Chaque fois que vous sentez que de nombreuses choses bloquent dans votre vie

Au-delà du nettoyage énergétique de votre environnement physique (votre habitation, vos biens personnels...), il est important de procéder à un nettoyage profond de vos mémoires transgénérationnelles. Vous pouvez ainsi nettoyer vos lignées familiales pour ne plus subir un passé néfaste ou porteur de traumas, avec de possibles répercussions sur votre santé, sur votre argent, sur vos relations amoureuses...

En pratique

- Prenez un papier blanc naturel (le moins traité chimiquement possible) et inscrivez en haut de la feuille vos nom, prénom et date de naissance.

- Sautez quelques lignes. Notez le nom de famille de votre père et, à côté, le nom de jeune fille de votre mère. Entre les deux, inscrivez le prénom de vos frères et sœurs.

- Faites semblant de cracher sur la feuille sept fois de suite.

- Allez dans la cuisine pour chercher du sel (ne le préparez pas à l'avance). Versez-en dans votre main droite et faites semblant de cracher dessus sept fois également.

- Tout en mettant le sel sur la feuille, là où les noms sont inscrits, prononcez :

« Moi [prénom, nom], je demande en mon nom, ici et maintenant, le nettoyage de ma racine, droit acquis de naissance dans mon intérêt et celui des autres, pour ici et maintenant. »

- Pliez la feuille pour enfermer le sel à l'intérieur. Prenez une soucoupe, déposez 1 cm de sel dans le fond, placez le papier par-dessus et recouvrez le tout avec 1 cm de sel.

- Rangez la soucoupe sur le meuble le plus haut de la maison et laissez-la en place durant sept jours.

- Après cela, reprenez la soucoupe et jetez papier et sel dans les toilettes. Rincez la soucoupe, qui sera réservée à ces usages.

18 Solidifiez ou stabilisez votre couple

Voici un rituel à réaliser lorsque vous êtes en couple et que vous souhaitez que votre relation amoureuse soit protégée, consolidée ou réharmonisée. Plus vous accomplirez ces étapes le cœur rempli d'amour, plus vous vous donnerez les chances que votre souhait se réalise !

En pratique

- Munissez-vous de deux photos : un portrait de vous, un autre de votre partenaire. Placez-les dans un petit sac en plastique fermé d'un ruban rouge. Laissez ce sac bien fermé durant la montée et la descente de la pleine lune et gardez-le au congélateur pendant dix jours.

- Au même moment, prenez deux galets ou pierres de quartz rose que vous laisserez une semaine dans une chaussette ou un tissu noir.

- Ensuite, le jour J, prenez vos pierres contre votre cœur. Sans parler, laissez s'établir une connexion d'amour. Demandez-leur ce que vous souhaitez, par exemple :

  « Je te demande de rétablir l'harmonie avec [prénom], que tous nos échanges se déroulent dans la paix et la douceur... »

  Ou bien :

  « Je te demande de guérir les blessures émotionnelles qui nous empêchent d'être en harmonie, moi et [prénom] »

  Ou encore :

  « Je te demande de garder mon couple sous ta protection et de renforcer les liens qui nous unissent, moi et [prénom] »

- N'oubliez pas de lui dire : « Je te remercie. Je t'aime. »

- Déposez une pierre sur chacune de vos tables de chevet.

19 Apportez force et chance à votre foyer

Une fois par trimestre

En pratique

- Prenez du gros sel (non traité) et dirigez-vous vers la porte d'entrée de votre habitation. Sous le paillasson ou le tapis à l'extérieur de la porte, dessinez à même le sol le signe infini (le chiffre 8 « couché ») avec le gros sel.

- Replacez ensuite le tapis ou paillasson par-dessus et laissez-le en place pendant sept jours.

- Après le septième jour, récupérez le sel avec une balayette et jetez-le dans les toilettes.

- Attendez trente jours si vous devez recommencer l'opération.

20 Protégez-vous avec une pierre

Une fois par trimestre

Les pierres sont dotées de propriétés énergétiques puissantes qui peuvent être utilisées pour vous protéger des énergies négatives (notamment l'œil-de-tigre, la labradorite, l'obsidienne, l'ambre, la tourmaline noire), mais aussi pour protéger l'amour (la topaze, le quartz rose...) ou favoriser la chance (la cornaline, l'émeraude...).

En pratique

- Choisissez votre pierre selon ce que vous souhaitez protéger. Pour cela, laissez faire votre intuition : la pierre qui vous plaît, qui vous attire, sera la bonne, même si elle est de petite taille.

- Avant toute chose, purifiez-la en la faisant passer sept fois au-dessus d'un charbon ardent contenant quelques grains de résine d'encens (benjoin). Puis laissez-la encore quarante-huit heures dans un linge noir. S'il s'agit d'une tourmaline noire, laissez-la une nuit enveloppée dans un papier aluminium.

- Ensuite, demandez un rendez-vous avec les spirites pour consacrer votre pierre.

- En attendant cette date, gardez la pierre sur vous ou près de vous et nouez un contact intime avec elle : observez-la, admirez-la, méditez sur l'intention que vous souhaitez programmer, c'est-à-dire ce que vous souhaitez qu'elle réalise pour vous.

- Le jour J, faites brûler une petite résine d'oliban et demandez l'aide divine :

« Esprits supérieurs et bienveillants,
je vous demande de consacrer cette pierre.
Faites qu'elle [spécifiez votre intention
(par exemple : « protège mon foyer de toute
négativité et de toute jalousie » ou « active dans
notre maison la chance pour tous les membres de
notre foyer »)], ici et maintenant. Merci. »

- Puis, pendant une dizaine de minutes, prenez la pierre entre vos mains et visualisez son effet. Maintenez cette vision quelques instants.

- Toutes les semaines, vous nettoierez votre pierre afin de la décharger de ce qu'elle a absorbé à votre place.

Rituels 21 à 25

pour mieux vous connaître

Vous êtes né avec quantité de talents et de dons sacrés. Il suffit parfois de peu de choses pour mieux rencontrer toutes ces aptitudes. Lorsque vous prenez l'habitude de vous écouter, d'écouter ce qui résonne en vous et de communiquer avec les spirites, cela vous ouvre de nouvelles portes pour atteindre la sérénité, mais aussi l'abondance par exemple. Ces rituels vont vous aider à mieux vous connaître, à connaître votre Vérité, et à savoir agir au quotidien conformément au meilleur de vous-même.

21 Tenez le journal de vos rêves

Le matin, au saut du lit

Coucher par écrit, dès le réveil, les souvenirs que vous avez de vos rêves aussi maigres soient-ils, est intéressant pour mieux connaître votre Moi profond. S'ils « sont là » et qu'ils vous semblent « frais » dans votre mémoire, notez-les dès le lever. Après une heure, il y a en effet de fortes chances pour que vous ayez tout oublié !

En pratique

- Optez pour un carnet à spirales et utilisez une double-page pour chaque nuit.

- Sur une première page, notez les détails de votre rêve et laissez la page en face libre pour y inscrire plus tard (dans la journée ou un jour futur) vos remarques ou réflexions.

- Notez sans interpréter, comme un observateur ou un reporter, en répondant aux questions suivantes :

  - Qui ? Avec qui ?
  - Quoi ? Que s'est-il passé ?
  - Où ? Le(s) lieu(x) où cela s'est passé.
  - Quand ? Le temps : jour, nuit, passé, présent, futur.
  - Comment cela s'est-il passé ?
  - Quelle est la narration : est-ce vous qui viviez le rêve ? Étiez-vous spectateur ?
  - Quelles sont vos émotions : que ressentiez-vous tout au long du rêve ?
  - Quels sont les symboles présents : animaux, objets, détails ?
  - Vous reste-t-il en tête un ou plusieurs mots-clés ?
  - Identifiez-vous un moment fort : un symbole, un nom propre, un enseignement... ?
  - Enfin, demandez-vous ce que cela vous évoque. Cela porte-t-il à votre conscience une information précieuse ou bien cela vous invite-t-il à mieux vous purifier pour vous libérer de liens néfastes ? Ou bien encore si un défunt se retrouve dans vos rêves, vous communique-t-il un message de manière symbolique ? Y a-t-il une idée ou le germe d'une idée dans ce rêve ?

Il se peut aussi qu'il n'y ait pas d'information importante. C'est la récurrence de vos observations qui vous permettra de saisir l'importance de certains messages.

22 Écoutez le langage de votre corps et de votre cœur

Cherchez à ressentir vos sensations corporelles lorsque vous avez en tête une idée ou un projet. Par le ressenti que vous offre votre corps, vous pouvez tout à fait savoir si une chose, une personne ou un projet est bon pour vous ou s'il vaut mieux passer votre chemin. Quels signes vous envoie votre corps ?

Sur un autre plan, votre cœur peut être lui aussi un excellent indicateur en vous faisant ressentir telle ou telle émotion. Apprenez à l'écouter également.

En pratique : le langage du corps

- Fermez les yeux et passez en revue les différentes parties de votre corps en partant du front : la nuque, les épaules, les bras, le dos, le bassin, les hanches, les jambes et les pieds.

- Sentez-vous du chaud, du frais ? De la gêne, voire une douleur ? De la douceur, de la souplesse ou, au contraire, une tension ? Si votre projet n'est pas bon pour vous, nul doute qu'à un moment donné, vous allez ressentir dans votre corps quelque chose qui « coince » ou de désagréable.

- Aiguisez votre sensibilité corporelle. Elle vous est propre. Certains sentiront une tension à différents endroits, liée aux émotions que cela suscite. D'autres pourront se fier au rythme de leur respiration : est-il saccadé ou au contraire calme et régulier ?

En pratique : le langage du cœur

- Assis, fermez les yeux. Ayez la conscience de vos pieds, posés à plat. Laissez toutes vos pensées aller à la Terre.

- Doucement, placez votre conscience à l'endroit de votre cœur physique. Posez-vous calmement dans cet espace. Pendant quelques minutes, inspirez par le nez une lumière verte et conduisez-la jusqu'à votre cœur, puis expirez une lumière rose qui monte depuis votre poitrine jusqu'au Ciel.

- Amenez votre projet au sein de votre cœur et laissez venir à vous la première impression : un mot, une sensation... Ressentez si ce projet suscite en vous une émotion positive forte telle que la joie, l'enthousiasme, la plénitude, la quiétude.

- Observez comment vous vous sentez en vous visualisant mener ce projet jusqu'à son terme. Vous devriez désormais avoir cette sensation d'évidence qu'il est fait pour vous ou, à l'inverse, qu'il ne vous est pas profitable.

23 Amplifiez votre intuition

Vous pouvez demander aux esprits supérieurs et à vos anges de vous aider à amplifier votre intuition et vos pouvoirs psychiques par la prière au quotidien.

En pratique

- Faites en sorte de vous être purifié et préparé intérieurement (voir notre rituel de relaxation en page 40).

- Préparez une feuille blanche, un stylo, un cierge de couleur violette, une allumette, un bougeoir et un cure-dent.

- Écrivez sur le papier votre demande, courte et positive, par exemple :

« Dieu me guide et me révèle instantanément tout ce que j'ai besoin de savoir, à tout moment, partout. »

- Inscrivez votre demande sur le cierge avec un cure-dent, en commençant à écrire en bas et en le tournant au fur et à mesure de la rédaction. Laissez environ 1 cm libre en haut du cierge, à partir de la mèche, afin de laisser le temps à l'énergie de se placer avant d'absorber votre demande.

- Puis, toujours dans un esprit de pleine conscience, placez votre cierge dans le bougeoir et dites à voix haute en même temps que vous allumez la bougie :

« Énergie de lumière, Énergie de la vie, je te donne
ma demande [prononcez votre demande].
Entoure-la de ton dôme de lumière. Élimine et
supprime le négatif de ta flamme.
Cela se fait dans l'ici et maintenant. Merci,
Énergie de lumière. »

- Prenez maintenant votre feuille et brûlez-la dans la flamme du cierge (dans un évier, afin d'éviter les accidents). Laissez le cierge se consumer entièrement sans l'arrêter.

- Pendant les sept jours qui suivront votre protocole, et ce dès que vous verrez votre cierge, redites-vous mentalement votre demande. Laissez faire en confiance l'Énergie de lumière.

- Quand le cierge se sera entièrement consumé, jetez tout simplement les restes à la poubelle.

Bonus : activez votre troisième oeil

De temps en temps, une ou deux fois par mois

À la base de votre front, vous disposez d'une zone de perception extrasensorielle appelée « troisième œil », en lien avec la glande pinéale qui se trouve au centre de votre cerveau. Lorsque vous activez avec amour et douceur cette zone, vous permettez à vos pouvoirs psychiques intuitifs de se développer.

- Munissez-vous d'une petite pierre en rapport avec votre sixième chakra : un lapis-lazuli, une azurite ou une labradorite. Vous aurez auparavant bien pris soin de la décharger de toutes ses énergies négatives éventuelles en la mettant vingt-quatre heures dans une eau de source ou une eau minérale, puis trois ou quatre jours dans un linge de coton entièrement noir (une chaussette peut faire l'affaire).

- Allongez-vous confortablement avec la pierre dans votre main. Faites une petite préparation intérieure de relaxation, puis disposez la pierre entre vos sourcils, à la base du nez.

- Placez votre conscience sur votre troisième œil. Depuis votre cœur, envoyez profondément de l'amour à cette zone, inondez-la de votre amour le plus intense, celui que vous auriez pour votre nouveau-né. Sentez cette zone vibrer de plus en plus fort.

- À l'inspiration, voyez une lumière indigo venant de l'Univers, comme un vortex dont la pointe se terminerait sur votre troisième œil. À l'expiration, voyez cette lumière indigo émaner depuis ce vortex du troisième œil vers le Ciel et l'Univers. Faites une série de trois inspirations/expirations, puis trois de plus si vous le souhaitez.

- Posez alors en vous-même cette intention : demandez à votre Divine Présence d'activer votre troisième œil, de créer l'ouverture pour cette vision subtile avec tact et équilibre. Sentez-le vibrer et focalisez-vous maintenant sur votre respiration. Prenez une plus grande inspiration, puis soufflez profondément, trois fois de suite.

- Si des images viennent à vous, laissez-les venir, accueillez tout ce qui se présente.

- Quand vous sentez le bon moment, reprenez progressivement contact avec vos sensations corporelles : le poids de votre corps sur le lit/tapis, le toucher sous vos mains...

- Bougez légèrement les orteils, les doigts, comptez jusqu'à dix en sentant l'énergie revenir dans votre corps. À dix, vous pourrez ouvrir les yeux.

- N'hésitez pas à boire un peu d'eau.

24 Rencontrez votre ange gardien

Tournez-vous vers ce rituel lorsque vous vous sentez perdu, confus et que vous avez besoin d'un éclairage puissant de la part de votre ange gardien pour vous aider à prendre une décision importante, ou lorsque vous souhaitez ressentir son soutien et sa présence dans votre vie.

En pratique

- Fixez un rendez-vous :

« Je demande un rendez-vous le [donnez le jour et l'heure] avec mon ange gardien pour sentir sa lumineuse présence à mes côtés. »

- Le jour J, préparez-vous. Prenez soin de vous accorder un rituel de purification (voir page 16). Installez dans votre cœur cette joie que vous allez vous accorder, ce moment de grâce. Nourrissez des pensées et des sentiments purs. Pourquoi ne pas diffuser un peu d'huile essentielle de rose de Damas ou de jasmin dans votre espace ?

- Allongez-vous confortablement, accordez-vous ce temps pour vous (au moins vingt minutes), au calme et dans le silence. Détendez-vous grâce à la phase de relaxation déjà proposée (voir page 40).

- Imaginez que vous êtes sur un nuage. Vous allez vous élever progressivement dans le ciel, de plus en plus haut. Prenez tout votre temps. Au fur et à mesure de votre montée, la lumière devient de plus en plus intense et douce à la fois ; chaleureuse et enveloppante. Continuez de monter. Vous sentez que vos corps vibrent de plus en plus fort.

- À un moment, vous vous retrouvez dans un endroit paradisiaque, unique pour vous. Laissez venir à vous les images, les odeurs et les sons. Imprégnez-vous-en. Puis, vous apercevez au loin une forme lumineuse qui se dessine et, instantanément, vous la reconnaissez car vous vous connaissez bien.

- Au fur et à mesure qu'elle s'approche, vous ressentez dans toutes vos cellules l'amour infini qu'elle a pour vous. Maintenant qu'elle est tout près de vous, voici ce qu'elle vous dit :

« Je t'aime. Je suis là pour toi et je t'accepte avec tout ce que tu as fait, ou pas fait. »

- Profitez bien de cette étreinte d'amour qui vous emplit. Savourez, remerciez-la pour tout son amour protecteur. À cet instant précis, votre ange gardien vous fait cadeau d'un mot ou d'une phrase, symbole de votre lien unique. À tout moment, quand vous serez redescendu, il vous suffira de la prononcer et il se tiendra près de vous.

- Après cela, préparez-vous à quitter cet endroit et remontez sur votre nuage pour entamer la descente. Tranquillement, calmement, refaites le chemin inverse. Vous sentez que vos corps s'alourdissent progressivement, mais vous êtes tellement bien, empli d'un tel amour, que vous êtes plus fort, plus confiant. Continuez votre descente jusqu'à votre lit.

- Puis reprenez contact avec vos membres, vos muscles, avant de prendre de plus grandes inspirations en comptant jusqu'à dix. Enfin, vous pouvez rouvrir les yeux.

25 Accédez en méditation à votre mission de vie

Vous vous êtes incarné dans cette vie pour accomplir des choses que vous seul êtes en capacité de réaliser. Vous avez des talents et des aptitudes qui vous rendent irremplaçable dans une mission qui est la vôtre et pour laquelle le monde spirite vous donnera toutes les aides nécessaires. Lorsque vous êtes aligné sur votre mission de vie, le travail devient une source de joie et de prospérité au quotidien.

En pratique

- Prenez rendez-vous avec votre ange gardien à une date et une heure précises. Dites :

« Je prends rendez-vous avec mon ange gardien et ma Divine Présence [donnez le jour et l'heure]. Voilà, je souhaite identifier précisément ma mission de vie ; ce que je suis venu accomplir sur Terre. »

- Cinq minutes avant l'heure, faites brûler un petit grain de résine d'encens de myrrhe, d'église ou d'oliban et mettez sur vous un peu d'huile essentielle de rose ou de lavande.

- À l'heure du rendez-vous, prononcez :

« J'invite mon ange gardien
à venir me rejoindre. »

- Allongez-vous ou bien restez assis, les yeux fermés. Commencez par bien vous détendre en passant en revue un par un tous les muscles de votre corps pour les relâcher : les yeux, puis le front, le visage, le cou, le dos, les bras, les jambes.

- Recentrez-vous dans votre cœur. Ressentez-y la paix et visualisez-vous entouré d'une puissante lumière.

- Devant vous, vous pouvez voir un chemin qui conduit à une porte lumineuse. Allez-y tranquillement et, pendant ce temps, libérez-vous de votre attente, déposez-la sur le bord du chemin. Déposez tout ce qui vous gêne : une émotion, un empressement, une volonté, comme si vous aériez votre mental. Faites place nette.

- Lorsque vous serez devant la porte, innocemment, ouvrez-la. Vous arrivez dans un magnifique jardin arc-en-ciel avec, au milieu, un kiosque dans lequel se trouve une balancelle de lumière rose. Un Être de lumière vous y attend.

- En vous approchant, vous ressentez la puissance de son amour qui vous envahit. Vous vous sentez tellement bien, en paix et dans la clarté.

- Alors que vous vous asseyez près de lui, il vous touche et vous remet un objet qui représente votre mission de vie en vous chuchotant un message à l'oreille. Accueillez-le. Remerciez-le infiniment.

- Pendant quelques instants, imprégnez-vous de cet amour vibrant. Laissez venir à vous les visions qui apparaissent. Vous pourriez vous voir en train de réaliser des choses inimaginables. Ancrez ces visions et prenez tranquillement le chemin du retour. Vous avez tout le temps de rejoindre la porte.

- Quand vous l'avez franchie, vous êtes toujours dans votre cœur. Comptez alors jusqu'à dix, le temps que l'énergie revienne dans votre corps. Là, ouvrez les yeux tranquillement.

Rituels 26 à 29
pour renforcer votre foi en vous et en la vie

La confiance en soi et dans la vie n'appartient pas au registre du mental. On ne décide pas d'avoir confiance. Pour qu'elle s'installe, la confiance a besoin d'être vécue dans le cœur, d'être émotionnellement ressentie, mais elle doit également être ancrée dans le corps. C'est cette cohérence entre les niveaux cognitifs, émotionnels et corporels qui vous apportera une confiance solide en vous et en l'avenir.

26 Libérez-vous de vos peurs

Aussi souvent que nécessaire

Les émotions de peur sont parmi les premiers obstacles à notre épanouissement. Elles se développent par manque d'amour et de confiance. Chaque fois que vous vous en libérez, vous vous permettez de vivre une vie meilleure car la peur attire à elle l'objet de son inquiétude par affinité vibratoire.

En pratique

- Allongez-vous dans une pièce au calme. Prenez conscience de votre souffle, laissez-le aller et venir à sa guise. Consacrez quelques minutes à détendre vos muscles. Libérez-les de leur tension en les passant en revue, un à un, de la tête jusqu'aux orteils.

- Une fois bien calme, imaginez-vous dans un endroit que vous adorez, en parfaite sécurité : sur une plage, à l'abri d'un rocher, au pied de votre arbre préféré.

- Ensuite, vous allez devoir vous connecter à votre peur quelques instants. Faites-la venir, identifiez-la et restez avec elle sans jugement, dans l'acceptation (une vingtaine de secondes). Cherchez à sentir d'où elle provient dans votre corps. Elle a nécessairement un espace dans lequel elle s'est logée : la poitrine, le ventre, les reins... Trouvez-la. Débusquez-la.

- Maintenant, extirpez-la de vos mains et regardez-la. À quoi ressemble-t-elle ? Comment est-elle ? De quelle couleur ? Quelle odeur ? Quand vous l'avez entre les mains, vous la contrôlez. Vous prenez le pouvoir sur elle.

- Ensuite, vous allez la remettre à un Être de lumière qui s'approche de vous. Vous la lui remettez comme un nouveau-né que vous déposeriez avec précaution dans des bras, et vous voyez instantanément cette peur se dissoudre dans la lumière.

- Alors que l'Être de lumière s'éloigne, vous allez maintenant envoyer une quantité d'amour et de lumière à cette zone de votre corps qui a perdu un ami proche. Aimez-la, guérissez-la.

Bonus : libérez-vous de vos regrets et culpabilités

Pendant une phase de lune descendante

- Écrivez au stylo noir, sur un papier le plus naturel possible, tout ce dont vous voulez vous séparer (regrets, reproches, rancunes, ressentiments...), peu importe leur ancienneté ou leur intensité. Notez tout ce qui vient à votre conscience. Il est possible de compléter ce papier pendant deux ou trois jours.

- Quand tout est écrit, sans attendre que ce soit parfaitement exhaustif, brûlez ce papier dans un évier, fenêtres fermées, en regardant bien la fumée monter. Attendez que tout le papier ait brûlé pour ouvrir la fenêtre. Et prononcez cette magnifique prière :

« Je te remercie et je me remercie
pour tout mon passé. Je crois fermement que de
tout ce que j'ai vécu, tu pourras tirer un bien.
Je veux n'avoir aucun regret et je décide
aujourd'hui de repartir à zéro, avec exactement
la même confiance que si toute mon histoire
passée n'était faite que d'amour. »

- Lorsque, après ce protocole, dans les jours, les semaines qui suivent, certaines pensées liées au passé ressurgissent, ne vous jugez pas mais, par l'effort de votre conscience, redites mentalement votre prière. Vous verrez que cela suffira.

- Pour compléter et vous concentrer sur le meilleur de vous-même, cette prière merveilleuse vous donnera force, aide et soutien dans la réalisation de vos rêves et de votre Divine Mission :

« Seigneur, je Te demande le courage
et la lucidité pour faire face aux peines et aux
difficultés. Ne laisse pas mon moral s'effondrer.
Tu es ma forteresse et mon rocher, le bouclier
qui me garde face à l'adversité. Ne permets pas
que la confusion frappe ceux qui remettent
entre Tes mains leur espoir et leur foi.
Mon cœur veut être rempli de Ta confiance.
De toutes ses forces, mon cœur est disposé à
Te servir, il veut aller de l'avant et s'engager
au service des plus beaux de mes rêves.
Aide-moi à offrir le meilleur de moi-même,
à m'abandonner pleinement à la bonté et
à la pureté de Ton amour.

Aide-moi à me centrer sur Ta parole qui réconforte, qui soutient, qui exalte et encourage devant tous les obstacles et les épreuves du chemin.
Aide-moi à explorer la profondeur de mon être, à m'examiner et à me connaître en vérité.
Aide-moi à trouver tous ces talents que Tu as semés en moi, afin d'atteindre le succès et le bonheur en toutes et chacune des tâches qu'il me soit donné de réaliser.
En Ton nom, avec Ton aide, je sais que je peux vaincre. Aucun de ceux qui ont placé leur confiance en Toi, en Ta compassion et en Ta miséricorde, n'a jamais été déçu. Amen. »

27 Musclez votre confiance en vous et ancrez-la dans votre subconscient

Une fois par jour

Votre confiance en vous est déjà là, préexistante. Elle est dans la conscience de Qui vous Êtes réellement. Avec ces rituels, vous allez écarter ce qui l'empêche de vous habiter pleinement et la consolider dans votre subconscient.

En pratique : musclez votre confiance en vous

- Asseyez-vous au calme. Fermez les yeux et respirez tranquillement.

- Pensez à une victoire que vous avez remportée, à un événement ou à quelque chose que vous avez vécu et pendant lequel vous vous êtes senti plein de confiance par ce que vous veniez de réussir.

- Prenez le temps de l'identifier et de bien vous en rappeler. Souvenez-vous parfaitement de cette sensation, explorez-la complètement.

- Quand vous vous en sentirez « débordant », fermez le poing de votre main dominante et frappez, dans un claquement, sur votre autre main restée ouverte.

- Répétez ce geste plusieurs fois en vous disant :

« J'ai confiance en moi et en ma vie. »

En pratique : ancrez la confiance dans votre subconscient

- Asseyez-vous ou allongez-vous confortablement. Fermez les yeux et faites trois cycles d'inspiration/expiration en vidant bien vos poumons, lentement, et en inspirant profondément.

- Pensez maintenant à votre « lieu-refuge ». Cet endroit concentre tout ce que vous aimez et vous vous y ressourcez intensément. Cela peut être un lieu dans la nature, dans lequel vous vous sentez merveilleusement bien, ou un lieu imaginaire, ou encore l'assemblage de plusieurs éléments qui constitueraient votre lieu de bien-être idéal.

- Visualisez un escalier ou un chemin devant vous qui mène à cet endroit. Imaginez tout le bien-être que vous pourriez ressentir si vous y étiez. Quelles seraient les sensations agréables que vous auriez : la température, les odeurs, le souffle du vent, le sourire de vos êtres chers, l'amour, le paysage, les chants d'oiseaux, la musique ? Détaillez bien toutes les sensations qui seraient les vôtres et sentez-les se rapprocher au fur et à mesure que vous descendez ou montez cet escalier ou que vous marchez sur ce chemin.

- Plus vous vous en approchez, plus vous en ressentez les bienfaits. Ça y est, vous l'apercevez, et après quelques pas, vous y êtes enfin. Laissez-vous complètement aller à ce bien-être, profitez-en pleinement pendant quelques instants.

- Quand vous êtes empli de cette sensation, dites la formule :

« Je deviens qui je suis vraiment, dans la confiance en l'amour, la lumière et les guides spirituels qui me protègent. »

Ou bien :

« Je me fais confiance et j'ai accès aux messages dont j'ai besoin et pas plus. »

- Répétez ce message plusieurs fois et sentez la confiance vous envahir.

- Ensuite, quand vous sentez le bon moment, reprenez progressivement contact avec vos sensations corporelles : le poids de votre corps sur le lit/tapis, le toucher sous vos mains. Bougez légèrement les orteils, les doigts, et comptez jusqu'à dix en sentant l'énergie revenir dans votre corps.

- À dix, vous pouvez ouvrir les yeux.

28 Reprogrammez vos fréquences

Aussi souvent que nécessaire

Dans ce rituel, nous allons utiliser le pouvoir de vos vibrations sonores pour modifier positivement votre « terrain », pour ancrer des énergies de paix, de confiance et de joie dans votre corps physique. À la suite de cela, vous serez parfaitement bien ancré, tant aux énergies célestes d'amour qu'à celles émises par le cœur de la Terre Mère. Mais surtout, ce rituel va vous permettre d'installer durablement, dans vos cellules, les fréquences vibratoires de l'amour et de la joie, garantes de votre pleine bonne santé.

Les prières qui suivent devront être chantées pour être agissantes, un peu comme lorsqu'une mère parvient à calmer un enfant qui n'arrive pas à dormir ou qui souffre, par une douce mélodie qui le reprogramme sur la sécurité, la douceur et l'amour.

En pratique

- Prononcez la prière suivante en la chantant pour faire vibrer les sons sur chacun de vos chakras.

« Divine Présence Je suis,
Nourris-moi de l'Amour,
Habite-moi de la Grâce,
Inspire-moi de l'Esprit,
Guide-moi dans la Loi,
Anime-moi d'Harmonie,
Réjouis-moi de la Joie,
Joue de moi pour la Vie.
Maître intérieur, Bien-aimé,
Présence Je suis, Bien-aimée,
Accueille-moi dans ton champ,
Comme je t'accueille dans le mien.
Guide-moi, inspire-moi, nourris-moi,
Syntonise-moi sur le meilleur disponible,
Ici et maintenant,
Que je l'offre à tout ce qui me compose,
Puis à tout ce qui est disposé à l'accueillir
en résonance.
Pour le plus grand bien de tous,
Et pour l'Amour de toute Vie.
Amen.

Ancré à la Terre et au Ciel,
Centré dans le Cœur,
Je m'aligne sur le Champ de l'amour,
Et lui offre de vivre à travers moi.
Père-Mère, Bien-aimé,
Bénie est ta Présence en moi,
Par mon Âme je t'écoute et te ressens,
Par mon Corps je te danse et te vis,
Par mon Esprit je te pense et t'exprime.
Ancré, centré, aligné, J'aime et Je Suis. »

29 Proclamez votre grandeur

Cinq ou six fois dans l'année, plus souvent si vous le souhaitez

Ce rituel guérisseur ancestral et universel permet de contacter en vous et de proclamer par des mots votre grandeur, votre lumière, votre essence même. Il vous aide à porter un regard de bienveillance sur vous-même et sur les autres.

En pratique

- Il s'agit de chercher en vous des qualités vivantes, des vertus ou des aspirations, et de jouer avec les mots, dans la démesure, pour les exprimer à l'écrit et à l'oral.

- Le texte n'a pas besoin d'être long, quelques lignes suffisent. Respectez les critères suivants :

  – écrivez à la première personne (« je ») ;

- utilisez des métaphores, des emphases, des exagérations pour faire sauter l'inhibition de la grandeur infinie ;
- soyez authentique, sincère.

- Proclamez le texte devant votre miroir ou, mieux, devant un public bienveillant. L'idéal ? Faites-le à plusieurs, en famille, entre amis, quand vous vous réunissez.

Rituels 30 et 31
pour renforcer les messages des Cartes de Lumière

Vous vous demandez peut-être si vous devez rester vivre dans votre maison ou si vous devez déménager... Dans la même ville ? Une autre ville ? Voire un autre pays ? Voici trois exercices pour vous aider à prendre la bonne décision. Ces trois derniers rituels vous permettent d'aller plus loin dans l'utilisation de l'oracle. Au-delà de la réception des messages transmis par les cartes, vous pourrez demander à votre Divine Présence ou à votre ange gardien de vous aider à trouver la réponse à votre question.

30 Interrogez votre âme par votre corps-pendule

En pratique

- Prenez une douche en pleine conscience, en imaginant que l'eau qui coule sur vous est lumière pure. Visualisez-la éliminer tout ce qu'il y a de négatif en vous et vous imprégner de lumière. Ne terminez cette douche que lorsque vous vous sentirez empli de lumière et de positivité.

- Placez-vous debout, les jambes écartées de la largeur du bassin, de préférence pieds nus, les bras le long du corps.

- Formulez intérieurement la demande que votre Divine Présence réponde à vos interrogations.

- Dites :

« Je demande à mon corps de faire office de pendule. »

- Demandez : « Qu'est-ce qu'un "oui" ? », laissez votre corps se déplacer comme il l'entend, vers l'avant ou vers l'arrière. Puis, dites : « Merci, stop. » Vous devez alors retrouver votre position d'équilibre.

- Faites la même chose avec le « non », demandez : « Qu'est-ce qu'un "non" ? », « Merci, stop. » Ceci vous permet de matérialiser les réponses positives et négatives.

- Posez ensuite une question à laquelle on peut répondre par « oui » ou par « non » et, si possible, liée à l'ici et maintenant, par exemple :

« Est-ce dans mon intérêt, ici et maintenant, de développer un partenariat avec telle personne ? De partir à tel endroit pour le week-end du... au... ? De déménager en cette année 2021? »

- Laissez votre corps aller et venir comme il le veut et observez s'il vous donne un « oui » ou un « non ».

- Quand vous aurez fini de poser vos questions, clôturez bien la séance en prononçant ces mots :

« Je demande à mon corps d'arrêter de faire office de pendule. »

31 Testez différentes options… ou n'obtenez qu'une seule réponse

En pratique : testez différentes options

- Faites la liste des options que vous souhaitez tester (de deux à quatre ou cinq).

- Prenez rendez-vous avec votre Divine Présence et avec votre ange gardien pour cette séance d'éclairage, par exemple :

« Ange gardien, je te demande d'être avec moi [donnez le jour et l'heure] pour une séance de méditation avec mon âme, afin de m'aider à choisir entre différents lieux de vie pour ici et maintenant. »

- Le jour J, cinq minutes avant le rendez-vous, faites brûler un petit grain de résine d'encens de myrrhe, d'église ou d'oliban, et mettez sur vous un peu d'huile essentielle de rose ou de lavande.

- À l'heure prévue, dites :

« J'invite mon ange gardien à venir me rejoindre. »

- Allongez-vous ou restez assis, les yeux fermés. Commencez par bien vous détendre avec une séance préparatoire de relaxation (voir page 40).

- Une fois bien détendu, visualisez-vous en train de monter quelques marches pour accéder à une porte lumineuse. Ouvrez-la et avancez sur un chemin magnifique. Vous êtes dans un paysage de nature que vous adorez, mais les arbres et les plantes peuvent parler. Tout n'est que lumière étincelante. Une rivière de lumière s'écoule le long du chemin.

- Vous arrivez alors devant deux, trois ou quatre portes, chacune avec le nom de vos options. Prenez la première porte et suivez le chemin qu'elle propose. Est-il aisé ? Escarpé ? Solitaire ? D'autres personnes sont-elles avec vous ? Pendant que vous évoluez, soyez à l'écoute de vos ressentis.

- Alors que vous vous promenez, vous apercevez un merveilleux Être de lumière au bord du chemin, c'est votre ange gardien. Vous vous en approchez et il vous murmure quelque chose à l'oreille à propos de ce chemin. Écoutez-le et revenez ensuite devant l'ensemble des portes.

- Faites la même chose avec la porte numéro 2, et ainsi de suite.

- Quand vous aurez fini, reprenez le chemin inverse, le long de la rivière de lumière, et installez-vous au pied d'un arbre pour vous reposer. Écoutez votre cœur, faites le bilan, sentez laquelle des portes vous appelle vraiment.

- Quand vous serez sûr de vous, sentez comme vous avez le cœur léger. Vous savez quelle option vous procure le plus de joie, vous savez quel chemin ne vous convient pas.

- C'est avec cette légèreté que vous parcourez le restant du chemin et rejoignez la porte lumineuse. Refermez-la et comptez alors jusqu'à dix, le temps que l'énergie revienne dans votre corps.

- Là, ouvrez les yeux tranquillement. Remerciez votre ange gardien et votre Divine Présence pour leur aide.

En pratique : n'obtenez qu'une seule réponse

- Comme vous en avez l'habitude, détendez-vous selon le protocole de relaxation (voir page 40).

- Visualisez-vous dans un lieu de nature paisible et enchanteur, que vous aimez profondément. Observez bien tout ce qui se trouve autour de vous.

- Alors que vous tournez la tête, vous apercevez à quelques pas de vous un pont de lumière argentée magnifique, brillante, cristalline, puissante et douce à la fois. En vous engageant sur ce pont magique, vous apercevez à l'autre bout un Être de lumière qui tient dans ses mains la réponse à votre question.

- Pendant que vous marchez sur ce pont, vous êtes totalement baigné de rayons de lumière argentée. Visualisez-vous en train de franchir pas à pas ce pont de lumière avant d'arriver sur l'autre rive.

- Là, vous recevez dans vos mains votre réponse. Même si vous ne la percevez pas encore, vous savez qu'elle est là, qu'on l'a préparée pour vous.

- Maintenant que vous êtes en sa possession, vous allez la rapporter avec vous. Reprenez le pont dans le sens inverse pour regagner votre rive, celle de votre coin de nature.

- Quand vous serez revenu, vous saurez que vous avez reçu votre réponse. Il ne vous restera plus qu'à demander à votre âme de la porter à votre conscience, comme une évidence, dans les huit prochaines heures.

À propos de l'auteure

Lila Rhiyourhi est magnétiseuse, guérisseuse, spirite et médium. Ses résultats exceptionnels dans la pratique du magnétisme spirite lui valent d'être connue dans le monde entier. Elle est l'auteure, aux éditions Leduc, de plusieurs best-sellers : *Vous aussi, vous êtes magnétiseur !*, *Protection et Purification énergétiques*, *Secrets de guérisseuse* ou encore *Vous aussi, vous êtes médium !*. Par l'intermédiaire de ses formations et de ses créations spirites, elle transmet tous les outils et secrets pour se connaître, soulager ses proches et acceder à ses pouvoirs spirites.

Achevé d'imprimer en mars 2021 par Imago
Dépôt légal : août 2021
Imprimé en Chine

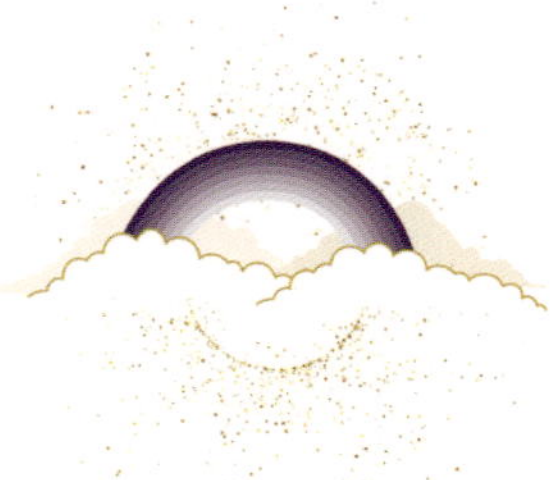

Ma vie est belle

Je cesse d'alimenter des peurs
qui nourrissent mes illusions.
Je regarde et je vois au-delà
de ces illusions. Je m'autorise
à aimer ce qui m'entoure.
Je m'arrête et je réalise que
ma vie est belle.

Attentif à ma vie, elle me parle

Je me remets à l'écoute de ma vie, car la réponse que j'attends se présentera dans les prochaines lignes que je lirai, la prochaine image que je verrai, la prochaine parole que j'entendrai ou la prochaine personne que je croiserai. Je suis attentif à cette réponse.

Mon identité

Je décide de reprendre mon pouvoir, que j'ai laissé trop longtemps dans les mains des autres. Je redeviens moi-même. Je m'exprime avec sérénité et en toute liberté, toujours à l'écoute de mes propres attentes. Je retrouve ainsi toute l'essence de ma lumière.

Ma douceur

À partir de maintenant, je n'autorise plus la colère, les cris, les peurs à faire partie de ma vie. Je m'entoure de douceur, de légèreté, d'amour et de lumière. Je mets de la douceur dans chacune de mes paroles et dans chacune de mes actions.

Ma transformation

J'accueille la nouveauté,
le changement dans tous mes
corps communautaires. Ainsi,
je m'autorise la transmutation
des énergies dans la lumière,
dans mon intérêt et celui
des autres.

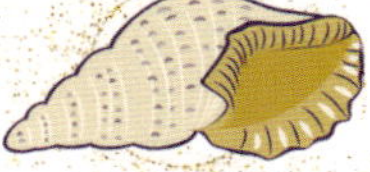

Je m'écoute

Je prends le temps d'écouter
ce qui résonne en moi.
Et je laisse s'exprimer mon
intuition afin de cocréer
ma mission.

Mon calme

Dès à présent, je laisse mon corps se détendre et se relaxer. Je calme toute agitation de mon mental. Je m'autorise le calme afin que l'harmonie se réinstalle dans mon être. Ce grand calme que je ressens me permet de voir au-delà et me laisse maître de ma vie.

Je suis

Je prends conscience que
ma lumière est grande et
je me permets de rayonner.
Je m'aime et je m'accepte
comme je suis car je suis
un être divin.

J'accepte

Dès maintenant, je cesse de vouloir contrôler ce qui m'entoure et je lâche prise. J'accepte mon chemin tel qu'il se présente, et j'apprends de ce chemin afin de grandir en paix.

Mes pensées

Mes pensées négatives attirent les situations de peur. J'accepte et je laisse s'épuiser ces émotions afin de me permettre une ouverture spirituelle. La lumière s'installe en moi et je retrouve la joie de vivre.

Ma santé

Je respire la lumière divine et expire l'amour inconditionnel. J'accepte et accueille cet amour lumineux en chacune de mes cellules, en mon moi divin. Je suis reconstruit et régénéré.

Ma dualité

Je ne cristallise plus ce qui est en dualité avec mon Moi. Je l'exprime afin qu'il me quitte et laisse place à l'amour inconditionnel. Je m'aime et je m'accepte dans ma globalité.

Ma confiance

J'ouvre mon cœur et élève ma conscience au sein de l'Univers, j'y trouverai ma réelle grandeur. Je retrouve ma confiance et toute ma puissance. J'accepte de vivre mon rêve, ma mission.

Ma liberté

Je me libère de ces
fausses croyances qui ne
m'appartiennent pas.
Je laisse tomber ce manteau
pour revêtir mon habit de
lumière qui me guidera
dans l'amour.

Mes peurs

Je redeviens l'être merveilleux que je suis. Je cesse de donner de l'importance aux autres, je reprends mon pouvoir d'être et mes peurs s'épuiseront et me quitteront.

Mes doutes

Je cesse de douter de la vie
et de vivre des émotions non
harmonieuses. Je garde la foi
et crois en moi.
Les épreuves sur mon chemin
me rapprochent de ma
divinité.

Ma gratitude

Je suis reconnaissant envers la vie, ma famille, mes amis, mes collègues, les êtres et bien plus encore... Mon cœur s'ouvre à la gratitude et je remercie tout ce que l'on fait pour moi et aussi ce que je fais pour moi.

Ma légèreté

Chaque expiration me permet de vider mes poumons, ma tête, mon cœur des jugements envers moi-même et envers les autres. J'accepte la vie telle qu'elle se présente à moi. Je vois les épreuves comme des expériences nécessaires à ma réconciliation intérieure. Ainsi, tout devient légèreté.

Ma joie

Dès maintenant, je m'habille d'un sourire et je ris chaque jour un peu plus avec la vie. La vie rit avec moi et pas de moi.

Ma patience

Je me permets de vivre
à mon propre rythme et de
ne plus être en mouvement
permanent qui ne crée pas,
bien au contraire. Je me pose
et je m'aperçois que tout
arrive au bon moment.

Carte de
Lumière

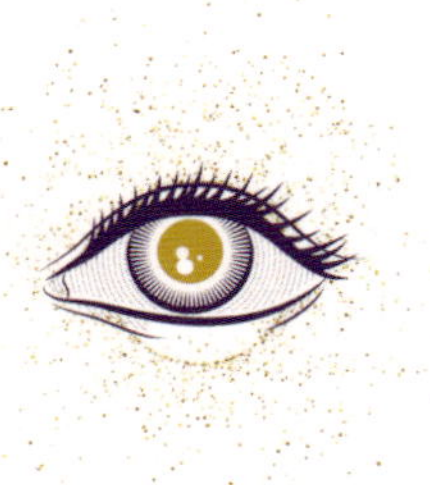

Ma conscience

J'ouvre ma conscience à la Conscience Supérieure. Ainsi, je réalise toute ma grandeur et toute mon importance au sein de l'Univers. Je suis un.

Mon jugement

À partir de cet instant,
je ne juge plus ceux qui
m'entourent. En les laissant
vivre librement, je me permets
de vivre pleinement.

Ma richesse

J'accepte que mes richesses intérieures se déploient à l'extérieur. J'entretiens mon jardin avec des pensées riches, ainsi je ne pourrai qu'attirer ce que je crée dans la lumière.

Mon pardon

Je me pardonne avec le cœur car seul le cœur est capable de pardonner, la tête ou la raison ne le peuvent pas.

Ma sagesse

Je suis guidée sur mon chemin et à l'écoute de mon intuition, c'est pour cela que j'ai la sagesse d'accueillir les événements afin d'être en harmonie.

Mon présent

Je me positionne ici et maintenant et je reprends le cours de ma vie. J'accepte les étapes éprouvantes comme les étapes plaisantes afin de pouvoir construire mon avenir.

Mon passé

Je laisse tomber les vieux manteaux du passé qui alimentent mes peurs et mes souffrances. J'écarte le passé pour mieux vivre le présent afin de préparer le futur.

Ma lumière

Dès maintenant, je choisis de vivre dans la lumière afin qu'elle devienne mienne. Je cesse d'alimenter mes côtés sombres afin de laisser la lumière me reconnecter à ma source.

Mon avenir

Je cesse de douter de la vie
et d'alimenter des émotions
lourdes et négatives.
Je crois en ma foi et en moi.
Mon chemin se dessine et j'y
trouve ma place.

Ma solitude

Je suis apaisé, sans crainte,
une énergie d'amour
inconditionnel m'enveloppe.
Je lâche prise sur mes
inquiétudes et le sentiment de
solitude qui m'habite.
Dès maintenant, je ressens un
accompagnement bienfaisant.
Je ne serai plus jamais seul.